3516

Ac. Seguin

NOUVEAU MODE

DE MÉDICATION

DU CHOLÉRA-MORBUS

DES CONTRIBUABLES.

DE

L'AVENIR FINANCIER

DES

CONTRIBUABLES

SOUS L'ASPECT DE LA DIMINUTION DE LEUR FORTUNE A L'ACHÈVEMENT DE
LA LIBÉRATION DE NOS RENTES ACTUELLEMENT EN CIRCULATION;

ET

PROPOSITION
D'UN NOUVEAU MODE
DE MÉDICATION

A ADMINISTRER DANS CET ÉTAT DE CHOLÉRA-MORBUS FINANCIER.

PAR ARMAND SEGUIN,

DE L'INSTITUT.

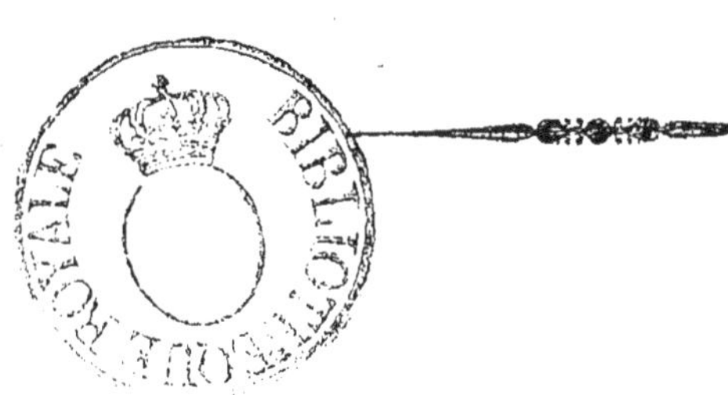

PARIS,

IMPRIMERIE DE COSSON,

RUE SAINT-GERMAIN-DES-PRÈS, N° 9.

MAI. — 1832.

INTRODUCTION.

Je rédige cet écrit avec le sentiment que l'agonie financière des contribuables, qui dérive principalement de l'existence de notre situation rentière actuelle, a de l'analogie avec celle du choléra-morbus.

Dans cette pensée, j'ai formulé un mode de médication qui, malheureusement, vu la gravité des paroxysmes de ce fléau, ne pourrait pas être qualifié du titre pompeux de *panacée*, mais qui au moins pourrait, relativement à ses résultats, être assimilée à une essence lénitive calmante et confortable.

Ce serait là, je le crains bien, la seule amélioration financière dont il serait possible de se flatter pour l'instant, paralysés, ainsi que nous le sommes, par les fréquences continuelles, et à vrai dire *imperturbables*, de nos égaremens financiers, auxquels toutefois chaque patient y intéressé semble maintenant quelque peu résigné, même habitué, non par conviction ou par impulsion de dévouement, mais par lassitude, affaissement, découragement, atonie et somnolence.

Dans un tel état de marasme, l'apathie et une léthargique insousiance sont malheureusement le pronostic le plus inquiétant, parce qu'il paralyse toutes les illusions qui eussent pu encore soutenir et ranimer les efforts.

Relativement à ces considérations, les esprits les moins exaltés, les plus sages et les mieux intentionnés, entrevoyant depuis long-temps le débordement de la crise, n'ont cessé de répéter : qu'il importerait essentiellement de ne pas différer de trancher dans le vif avant que les progrès de l'incendie eussent accru davantage les dangers de la position.

N'ajoutons donc pas [aux reproches mérité que nous avons déjà à nous faire à ce sujet, l'urgent besoin d'avoir à nous répéter chaque jour : aujourd'hui notre mal est encore empiré, parce que dès hier nous n'avons pas pris une résolution salutaire ; demain, par suite de ce retard, l'incertitude de l'efficacité de la médication s'accroîtra ; plus nous tarderons, moins nous aurons de probabilité de soulagement.

Tous ces pressentimens, je les ai communiqués, lorsqu'il était encore temps d'en profiter utilement, au ministère dit *déplorable*.

Aujourd'hui, que le mal a encore acquis plus d'intensité, et que les heures péniblement écoulées

n'ont nullement servi à procurer aucun allégement, je me vois réduit, nonobstant ma con-
fiance dans les bonnes intentions de ceux qui nous
dirigent, à ne plus fonder mes dernières lueurs
d'espoir de quelqu'allégement que sur l'apparition
soudaine, à la vérité peu probable, de quelqu'*ins-
piration innée*, due à une faveur spéciale du
Tout-Puissant, ou sur une influence moins *oscil-
lante* de la bonne étoile de la France.

But de cet écrit.

Par suite de la force des événemens, nous nous
trouvons aujourd'hui, sous l'aspect financier de
notre situation rentière, dans deux positions dis-
tinctes : nous sommes débiteurs d'une grande
masse de rentes qui ont été primitivement et
principalement émises pour satisfaire aux besoins
d'alors, et nous touchons au moment où nous
allons être forcés, à défaut d'économies suffisantes, d'émettre de nouvelles rentes pour satisfaire à l'exigence des besoins de nos budgets.

Quant aux premiers de ces engagemens, il ne

peut plus être maintenant question à leur égard que de choisir la meilleure direction à suivre, pour alléger, au moins autant que possible, les dommages qu'ils feront nécessairement peser sur les contribuables.

Quant à ce qui concerne les nouveaux engagemens à contracter, il convient de rechercher et de choisir, puisque nous en avons encore la possibilité, celles de ces combinaisons qui seront les plus convenantes pour l'Etat, et les moins dommageables pour les contribuables.

Tels sont les deux buts que je me propose d'atteindre dans cet écrit.

Il résultera, je l'espère, de son ensemble, qu'on pourrait dès ce moment, au moins sous l'aspect rentier, embrasser un plan financier d'ensemble : puissions-nous le faire; et immédiatement après, nous arrêter de même à un plan d'ensemble de contributions! Ce serait seulement alors que, sous son aspect financier, la France pourrait être justement classée parmi les autres nations du globe comme la plus riche, la plus prospère et la plus florissante.

Je signalerai avec exactitude dans cet écrit le chiffre de la diminution inévitable de la fortune des contribuables qu'occasionera nécessairement la situation rentière actuelle de la France, et j'y présenterai de nouvelles combinaisons, ayant pour but d'alléger de plus de trois milliards cette diminution de fortune, qui autrement s'éleverait à plus de 39 milliards.

Enfin j'y indiquerai les moyens de procurer promptement à l'Etat, avec le moins possible de dommages pour les contribuables, les secours qui, à défaut d'économies suffisantes, seront nécessités par les exigences des budgets de 1832 et années suivantes.

La haute importance de telles matières les rend bien dignes de fixer l'attention sérieuse et approfondie de mes lecteurs. Pour y mieux parvenir, j'ai apporté un grand soin à la conception de mon plan, et à la coordonnance de ses bases.

Puissent ceux qui, quelle que soit leur teinte politique, sans avoir égard à ces efforts, ne s'arrêtant qu'au *gigantesque* des chiffres, et *impressionnés* par leurs futilités habituelles, traiteraient des sujets aussi graves avec la dérision et l'ironie qui caractérisent nos fourmilières d'oisifs, de désœuvrés et de superficiels, ne pas avoir un jour à déplorer, au moment d'un ébranlement général, peut-être trop prochain, les retards apportés à une application immédiate de remèdes qui, de moment en moment, deviendraient moins efficaces.

A tout hasard, je me bornerai à répondre à la possibilité de l'arrogance de leurs arrêts :

Ma position de contribuable, à cote même

assez élevée, devrait paraître devoir être, par elle-même, un motif suffisant de la persévérance de mon désir, même de mon besoin, de voir se réaliser la prospérité de la France ; que serait-il donc nécessaire de s'ingénier inutilement pour en supposer d'autres ?

J'ai beaucoup vécu, et je connais trop à fond par expérience le bien et le mal pour, dans ma position, attacher de prix véritable à autre chose qu'au calme, au recueillement, et à l'approbation du for intérieur des personnes respectables, sages, réfléchies et douées d'un sens sain et droit ; et pour, par suite, ne pas éloigner de ma pensée toute velléité d'ambitions fastueuses et à éclat auxquelles aspirent le plus généralement ceux qui pensent que leur zèle réel ou contesté, et la proclamation de leur prétendu désintéressement méritent récompense.

Aussi, quoi qu'il en puisse advenir, dans tous les cas, *la main sur la conscience*, ne m'attribuerai-je jamais, en dehors de ces considérations, d'autre mérite réel, supposant même qu'il puisse y en exister, relativement à mes mobiles de direction, que celui d'avoir si obstinément persévéré dans ma tendance, sans laisser attiédir mes efforts par quoi que ce soit, *nonobstant mon poignant pressentiment, qu'en définitive, nos espérances seraient déçues.*

MODE

DE

MÉDICATION

DU

CHOLÉRA-MORBUS

DES

CONTRIBUABLES.

Signalons d'abord le mal, nous indiquerons après la médication.

Bases de l'évaluation de la diminution de la fortune des contribuables qu'occasionera l'existence de la dette rentière de la France.

Nos investigations à ce sujet se porteront sur nos 3 et sur nos 5 pour cent.

Masse de nos rentes 3 , 4 et 4 1/2 pour cent, dont l'existence concourra à la diminution de la fortune des contribuables.

A l'origine, le chiffre de la masse des rentes 3 pour cent s'élevait à

51,455,274 fr.

Depuis cette origine jusqu'en 1830,
    le chiffre des rentes 3 pour cent
    rachetées s'est élevé à. . . . . . 16,000,000 fr.

Il en reste en circulation. . . . , . . 35,455,274 fr.

Ensemble pareil. . . . . 51,455,274 fr.

A leur création, le chiffre de la masse de nos rentes 4 et 4 1/2 pour cent s'élevait à

$$4,544,726, \text{ fr.}$$

Pour ne pas multiplier les chiffres, et moins fatiguer l'attention de mes lecteurs, j'assimilerai ces rentes à une émission de pareille somme de 3 pour cent, ce qui n'occasionera dans les résultats apparens qu'une différence de chiffre presque inappréciable.

Par suite de cette substitution, uniquement désavantageuse d'ailleurs à l'importance de mes propositions, la masse de rentes 3 pour cent dont se déduira la diminution de la fortune des contribuables, sera de

$$56 \text{ millions.}$$

Masse des rente 5 pour cent, dont l'existence con-
courra à la diminution de la fortune des contri-
buables.

A l'origine, le chiffre de la masse des rentes
5 pour cent s'élevait à

215,632,176 fr.

Depuis lors, jusqu'en 1830, le
chiffre des rentes 5 pour cent
rachetées s'est élevé à. . . . . .   39,472,114 fr.

Il en reste en circulation. . . . .   176,160,062 fr.

Ensemble pareil. . . . .   215,632,176 fr.

La masse des rentes dont je déduirai la dimi-

nution de la fortune des contribuables se compo-
sera donc ainsi qu'il suit :

Rentes 3 pour cent.

56 millions.

Rentes 5 pour cent.

215,632,176 fr.

En étudiant en détail les rapports faits à la chambre des pairs par la caisse d'amortissement, on voit que ses opérations d'achat présupposent une application de puissance de libération d'environ un pour cent du capital nominal.

Partons donc de cette base de 1 pour o/o de puissance de libération pour déterminer quelle sera en définitive la diminution de la fortune des contribuables, qui sera due à l'existence de notre dette rentière actuelle.

Cette expression de puissance de libération est d'ailleurs d'autant plus convenable qu'elle coïncide avec les bases qui ont été adoptées pour nos derniers emprunts, et avec les données presque généralement admises par tous ceux qui se sont occupés des emprunts amortissables.

En principe général, l'avantage ou le désavantage pécuniaires des emprunts se déduisent, en définitive, de la balance entre la colonne active et la colonne passive qui entrent dans la composition des comptes qui s'y rapportent, et qui doivent, l'une et l'autre, être régies par un semblable taux d'intérêt qui, à moins d'une spécialité toute particulière, ne peut être autre que le taux de l'intérêt légal.

Il n'y a dans de tels comptes, de balance active qu'autant qu'il existe fructification directe ou indirecte de l'encaissement de l'emprunt.

Si, dans le cas de colonne active, son chiffre dépasse le chiffre de la colonne passive, il y a, jusqu'à due concurrence, un avantage pécuniaire pour l'emprunteur, et un désavantage pécuniaire pour le prêteur.

Si, dans le cas de colonne active, son chiffre est inférieur à celui de la colonne passive, il y a, jusqu'à due concurrence, un désavantage pécuniaire pour l'emprunteur, et un avantage pécuniaire pour le prêteur.

Enfin, dans le cas d'absence de colonne active, il y a nécessairement, plus ou moins, perte pour l'emprunteur, sans avantage pécuniaire pour le prêteur : dans cette dernière position, il ne peut y avoir d'autres avantages pour l'emprunteur que des avantages de convenance ou de besoins forcés satisfaits.

Telle est, dans tous ses élémens, l'existence de notre dette rentière actuelle, et c'est pour cela que son compte de libération ne peut que signaler les pertes qu'elle comporte pour les contribuables, et conséquemment la diminution de leur fortune qu'elle occasionera.

Ces considérations générales méritent de fixer l'attention, surtout des emprunteurs à spéculation, et toutefois aussi des gouvernemens emprunteurs, quoique jamais ceux-ci n'empruntent par spécula- tion, et seulement par convenance ou par l'exis- tence de besoins immédiatement exigibles.

Pour mieux faire apprécier la justesse et les conséquences de ces propositions, supposons qu'on emprunte une somme de 100 millions, sur des rentes 5 pour cent, négociées et rachetées, avec une dotation de un million, au pair de 100 fr. pour 5 fr. ; et supposons en outre que l'emprunteur ait les moyens de faire fructifier l'encaissement de cet emprunt au taux d'intérêt de 5 pour o/o : voici quelles seront les bases et les résultats de l'opéra- tion :

Encaissement de l'emprunt.

100 millons.

Dotation.

—

1 million.

Montant des arrérages.

—

5 millions.

Débours, pour le service des arrérages et de la puissance de libération.

—

6 millions.

Durée de la libération.

—

36 ans,   8 mois,   20 jours.

Montant de la fructification du capital de l'encais-sement.

—

600 millions.

*Diminution de la fortune des contribuables, à l'a-
chèvement de la libération, par suite de l'effectif
des débours annuels, et des privations annuelles
de jouissances occasionées par la direction d'emploi de ces débours.*

6oo millions.

Comme dans cette opération le chiffre de la
colonne passive, qui est de 6oo millions, balance
exactement le chiffre de la colonne active qui est
également de 6oo millions, on peut dire que, en
définitive, un tel emprunt ne présenterait pécu-
niairement ni avantage ni désavantage pour les
contribuables.

Mais si, au moment même de l'encaissement des
1oo millions de l'emprunt, cette somme se trouvait anéantie par une exigence ne portant pas par
elle-même de fructification, l'aspect final de
l'emprunt ne signalerait plus pour les contribuables qu'une diminution plus ou moins considérable de leur fortune, sans compensation, diminution qui, dans l'espèce, s'élèverait à 6oo millions.

BASES ET RÉSULTATS DE L'ÉVALUATION DE LA DIMINU-
TION DE LA FORTUNE DES CONTRIBUABLES, PAR
L'EXISTENCE DES RENTES 3 POUR CENT.

Capital nominal à éteindre.

1,866,670,000 fr.

Puissance de libération.

18,666,700 fr.

Durée de l'extinction.

46 années,   10 mois,   24 jours.

*Débours annuels, pour le service des arrérages et de
la puissance de libération.*

74,666,700 fr.

*Diminution de la fortune des contribuables, par
suite de l'effectif des débours annuels, et des
privations annuelles de jouissances occasionées par la direction d'emploi de ces débours.*

13,228,000,000 fr.

BASES ET RÉSULTATS DE L'ÉVALUATION DE LA DIMI-
NUTION DE LA FORTUNE DES CONTRIBUABLES, PAR
L'EXISTENCE DES RENTES 5 POUR CENT.

Capital nominal à éteindre.

4,312,643,520 fr.

Dotation.

43,126,435 fr.

Durée de la libération.

36 années,   8 mois,   20 jours.

*Débours annuels, pour le service des arrérages et
de la puissance de libération.*

258,758,611 fr.

Diminution de la fortune des contribuables, à l'achèvement de la libération, par suite de l'effectif des débours annuels et des privations annuelles de jouissances occasionées par la direction d'emploi de ces débours.

25,874,827,780 fr.

ENSEMBLE DES DIMINUTIONS DE LA FORTUNE DES CONTRIBUABLES QU'OCCASIONERA L'EXISTENCE DE NOS 3 ET DE NOS 5 POUR CENT.

Diminution de la fortune des contribuables qu'occasionera l'existence des 3 pour cent. . . . . 13,228,000,000 fr.

Diminution de la fortune des contribuables qu'occasionera l'existence des 5 pour cent. . . . . 25,875,827,780 fr.

Ensemble. . . 39,103,827,780 fr.

Combinaison tendante à alléger la diminution de la fortune des contribuables qu'occasionera l'existence de notre dette rentière actuelle.

———

Une des questions les plus importantes que fait naître les conséquences de notre situation rentière est celle de savoir, s'il serait plus ou moins dommageable pour les contribuables d'éteindre de préférence nos 5 pour cent avant de s'occuper de l'extinction de nos 3 pour cent?

Pour résoudre cette question, supposons les deux opérations suivantes :

Ire OPÉRATION.

———

On veut éteindre par remboursement forcé à *convenance* (1), mode de remboursement fixe et à l'abri de chances onéreuses indéterminées, que s'est réservé le gouvernement, 3 millions de rentes 3 pour cent avec une dotation de 1 million, c'est-à-dire de 1 pour o/o du capital nominal.

Voici les élémens et les résultats de cette opération.

Importance de la somme de libération.

———

100 millions.

════

(1) Tout remboursement forcé est pour le gouvernement un remboursement à convenance d'époque et d'importance.

Dotation.

—

1 million.

Durée de la libération.

—

46 ans, 10 mois, 24 jours.

Débours annuels, pour le service dés arrérages et de la dotation.

—

4 millions.

Diminution de la fortune des contribuables, à l'a-chèvement de la libération, par suite de l'effectif des débours annuels, et des privations annuelles de jouissances occasionées par la direction d'emploi de ces débours.

—

708,600,000 fr.

IIe OPÉRATION.

Objet de comparaison.

On veut éteindre, par remboursement forcé à *convenance*, 3 millions de rentes 5 pour cent, avec une dotation de 1 million, c'est-à-dire de 1 p. o/o du capital nominal.

Voici les élémens et les résultats de cette opé-ration.

Importance de la somme de libération.

100 millions.

Dotation.

1 million.

Durée de la libération.

28 ans,   4 mois,   27 jours.

Sommes des débours annuels, pour le service des arrérages et de la dotation.

4 millions.

Diminution de la fortune des contribuables, à l'achèvement de la libération, par suite de l'effectif des débours annuels, et des privations annuelles de jouissances occasionées par la direction d'emploi de ces débours.

239,900,000 fr.

COMPARAISON DES DEUX OPÉRATIONS.

Diminution de la fortune des contribuables, par l'extinction des 3 millions de rentes 3 pour cent.

708,600,000 fr.

Diminution de la fortune des contribuables, par l'extinction des 3 millions de 5 pour cent.

239,900,0000 fr.

Différence au détriment de l'extinction des trois pour cent.

468,700,000 fr.

L'extinction qu'on ferait des 3 pour cent, avant de s'occuper de celle des 5 pour cent, serait donc très-préjudiciable aux contribuables, et c'est cependant ce qu'amènerait nécessairement la marche suivie jusqu'ici, puisque dès l'instant que les 5 pour cent auront atteint le pair, ce qui pourrait avoir lieu prochainement, les 80 millions de notre puissance amortissante devront être entièrement consacrés à la libération des 3 pour cent.

L'adoption d'une convenante direction à ce sujet serait bien déjà, il faut en convenir, une amélioration; mais elle ne serait pas suffisante pour atteindre l'amélioration possible.

Pour y tendre plus efficacement, il n'y aurait

d'autre moyen que de substituer à notre situation rentière une autre situation rentière fondée sur d'autres bases et d'autres combinaisons que celles pour lesquelles jusqu'ici on a eu la main si peu heureuse. Cette substitution, au surplus, ne pourrait avoir de chances d'effectuation que par suite de *conversions facultatives* bien entendues; ou, à défaut de réalisation, par suite d'un emprunt, procurant les fonds suffisans pour effectuer intégralement le remboursement forcé de la dette.

C'est dans ces buts que j'ai conçu l'opération suivante, qui peut être considérée sous le double rapport de plan de conversion, et, à défaut d'assentiment des rentiers, de plan d'emprunt à rentrées suffisantes pour le remboursement forcé.

Mon premier but dans cette conception a donc dû être, non seulement la possibilité, mais mieux encore, en supposant vouloir suffisant de la part du gouvernement, la certitude de la réalisation.

Aussi, dans cette pensée, n'ai-je pas perdu de vue, que, dans les emprunts amortissables, le prêteur a intérêt à ce que la somme de libération ne soit pas inférieure à celle de la négociation, et à ce que, dans le cas où cette infériorité existerait, elle se trouve couverte et compensée par un excédant suffisant d'arrérages; et que, de même, l'emprunteur a intérêt à ce que la somme de libération n'excède pas la somme de la négociation, ou au moins, en cas d'excédant, qu'elle soit couverte et compensée par une diminution suffisante dans le chiffre des arrérages. Si ce double équilibre n'était pas établi, il y aurait nécessairement bénéfice pour l'une des parties et perte pour l'autre, ce qui rendrait au moins chanceux tout espoir de réalisation.

Sous l'influence de ces nécessités, mes combinaisons ont dû différer essentiellement, surtout dans leurs coordonnances, de celles qui ont régi nos précédens emprunts.

Parmi toutes les combinaisons nouvelles que j'ai tentées dans ce but, j'ai cru devoir donner la préférence à la suivante, parce que, dégagée autant que possible des principaux inconvéniens des emprunts amortissables , elle n'apporte aucun nouveau dommage appréciable dans la position d'aucune des parties intéressées, toutefois en améliorant la position des contribuables.

Voici les bases et les résultats de cette combinaison.

Dispositions générales du nouveau plan applicable soit à la conversion de nos 5 pour cent, s'il y a lieu, soit à un emprunt suffisant pour en effectuer le remboursement forcé, si l'on doit s'y résoudre.

Dans notre situation rentière actuelle, la masse des 5 pour cent, encore en circulation, est de

176,162,062 fr.

Représentant un capital nominal de

3,524,000,000, fr.

Pour se libérer de cette dette, soit par conversion, soit par remboursement forcé, on créerait 176,160,062 fr. de nouvelles rentes, spécifiées par la dénomination de *cinq, un soixante et quatrième pour cent.*

Le prix de négociation de ces rentes serait tel que pour une somme de 100 francs versée par le prêteur en écus, ou par le converti en une inscription de 5 francs de rentes 5 pour cent, ils recevraient, l'un ou l'autre, une inscription de 5 francs des nouvelles rentes.

Le remboursement forcé de ces nouvelles rentes, qui d'ailleurs ne pourrait s'effectuer, généralement ou partiellement, que quinze années après la date de l'ouverture de l'emprunt, exigerait, de la part du gouvernement, un débours de 100,000 fr. pour chaque coupon de 5,015 f. 62 c. 1/2 de nouvelles rentes.

D'après ces premières données, voici les bases et les résultats de l'opération, qui pourrait s'appliquer soit à conversion, s'il y avait lieu, soit à emprunt, pour le produit être appliqué à remboursement forcé, si cela devenait nécessaire.

Quotité de l'émission de nouvelles rentes.

176,160,062 fr.

Produit de la négociation par conversion ou par emprunt.

3,524,000,000 fr.

Somme de la puissance de la libération.

—

35,240,000 fr.

—

Durée de la libération.

—

36 ans ,   8 mois,   20 jours.

—

Somme nécessaire à compléter la libération.

—

3,513,000,000 fr.

—

Débours annuels, pour le service des arrérages et de la puissance de libération.

—

211,400,000 fr.

—

*Diminution de la fortune des contribuables, à l'a-
chèvement de la libération, par suite de l'effectif
des débours annuels, et des privations annuelles
de jouissances occasionées par la direction d'emploi de ces débours.*

—

21,133,200,000 fr.

—

En établissant comparativement les bases et les résultats de l'extinction des 176,160,062 fr. de nos rentes actuelles (5 pour cent), régie par la direction suivie en ce moment, on trouve des résultats absolument semblables en chiffres, avec cette seule différence que la somme nécessaire à la complète libération qui s'éleverait à 3,524,000,000 fr., excéderait de 11 millions la somme qui serait nécessairer à compléte libération dans les cas soit de conversion, soit d'emprunt, pour arriver à remboursement forcé.

Ainsi, sous cet aspect, il existerait déjà pour les contribuables un faible allégement de 11 millions; mais là ne se bornerait pas les avantages pécuniaires du plan. Nous verrons bientôt qu'en raison de ses conséquences, ces avantages seraient infiniment plus considérables.

Dans les comptes relatifs à toutes ces opérations, on ne pourrait faire entrer aucun élément de colonne active, et conséquemment d'allégement pécuniaire pour les contribuables, si ce n'est la modique somme de 11 millions que nous venons de signaler, parce que d'une part dans l'opération d'extinction sans conversion et sans remboursement forcé, on ne peut faire figurer dans le compte aucun encaissement portant fructification; d'autre part parce que dans le remboursement forcé, la colonne active qui devrait résulter de l'annulation des arrérages des rentes remboursées se trouve compensée en chiffre par la libération de la nouvelle émission, de telle sorte que dès lors, dans le second compte, la balance passive y figurerait sans compensation.

Cette position est semblable à celle de notre position rentière actuelle dans les comptes de laquelle aucun de leurs élémens n'y pourait figurer comme base fructifiante. Ce qui fait que leurs balances passives n'y trouvant pas d'objets de compensation, y pèsent de toute l'importance de leurs chiffres comme diminution de la fortune des contribuables.

Maintenant nous voici en état de rechercher et d'établir quelles seraient les conséquences de ces dispositions relativement aux rentiers convertis, aux rentiers non convertis, aux capitalistes prêteurs et aux contribuables, dans les cas de stagnation d'état, de conversion, ou de remboursement forcé.

Rentiers convertis.

Ils jouiraient, pendant au moins quinze années, sans aucune réduction légalement possible, d'un intérêt de 5 pour o/o de leurs capitaux, et recevraient, lors de la libération, l'intégralité de ces capitaux, sauf une diminution si minime qu'ils pourraient la regarder comme presque inappréciable.

Et ces avantages leur seraient inviolablement acquis, quelles que pussent être par la suite les circonstances éventuelles de tous genres.

Rentiers non-convertis.

Leur persistance dans leur position ne leur occasionerait, à la vérité, aucun nouveau dommage direct, mais elle les exposerait à la chance d'un remboursement forcé qui, quoique peu probable pour l'instant, pourrait le devenir bien davantage si la position de la France s'améliorait, ce qui est bien à désirer et à espérer, et surtout si les imaginations financières un peu actives dirigeaient leurs recherches sur des combinaisons propres à faciliter le remboursement forcé.

Capitalistes à placement.

Ils jouiraient du double avantage d'être assurés'

pendant quinze années au moins, d'un placement à 5 pour o/o, et de ne pouvoir perdre sur leur capital de remboursement qu'une somme presque inappréciable.

Contribuables.

Déjà nous avons signalé un minime allégement de 11 millions que l'opération procurerait aux contribuables.

Là ne se bornerait pas à beaucoup près ses avantages pécuniaires. Il en existerait un autre bien plus considérable.

En voici les élémens et l'importance.

Dans l'état actuel des choses, le chiffre de notre puissance de libération est de :

8o millions.

Dans la disposition du plan, ce chiffre ne figure comme puissance de libération des 3 pour cent, que pour environ. . . . . . 13,000,000. fr.

Et comme puissance de libération
des 5 pour cent que pour. . . . . . 35,240,000 fr.

Ensemble. . . . . , . . . 48,240,000 fr.

Otant des. . . . . 80,000,000 fr.

Il reste un excédant disponible de. . 31,760,000 fr.

Or, cette somme se renouvelant chaque année, et fructifiant pour les contribuables, comme représentation de cessation de privation de jouissance, s'élève, à l'achèvement de la libération, à la somme de

$$3,148,000,000 \text{ fr.}$$

Tel serait le chiffre de l'allégement que l'opération apporterait dans la diminution de la fortune des contribuables, diminution due à l'existence de notre dette rentière actuelle. Ainsi cette diminution de fortune, qui par le fait de l'existence de notre dette rentière actuelle s'élèverait à plus de

3g milliards, se trouverait allégée par le fait du plan de plus de 3 milliards, et se trouverait ainsi reduite à plus de 36 millards.

Il est donc incontestable que les combinaisons de l'opération seraient convenantes et profitables pour les rentiers, pour les capitalistes à placement, et pour les contribuables.

Cette fixation à venir de la fortune des contribuables suggère les inductions suivantes :

Un capital de 3g milliards représente un revenu de 1,85o,ooo,ooo fr., d'où il résulte que, si notre position rentière n'avait pas existé, les contribuables auraient pu, à l'aide de ce revenu, satisfaire amplement, sans autres débours, à l'exigence des besoins de nos budgets, même supposés plus exorbitans encore qu'ils ne le sont aujourd'hui; dans ce cas on pourrait dire qu'alors aucune charge pour le service de l'Etat n'aurait pesé sur les contribuables.

Une autre observation également importante est celle-ci :

Le plus généralement chacun, et même l'administration, s'arrête aux bases suivantes pour se faire une idée approximative de la fortune en capital des contribuables.

Le chiffre de l'ensemble des impositions directes et indirectes est en conséquence censé égaler le chiffre du 5e des revenus, et le chiffre de ces revenus est censé égaler le vingtième de la fortune en capital; de telle sorte qu'en multipliant par le nombre cent le chiffre des impositions directes et indirectes, on aurait par approximation le chiffre de la fortune des contribuables d'un pays, et qu'ainsi nos impositions directes et indirectes s'élevant à près de un milliard, la fortune en capital des contribuables de la France pourrait être approximativement évaluée à 100 milliards.

De ces données résulterait que l'existence de notre dette rentière actuelle aurait diminué de deux cinquièmes la fortune matérielle des contribuables.

Quoique ces évaluations, je ne saurais trop le répéter, ne puissent être considérées que comme approximatives, elles ne méritent pas moins de fixer nos méditations sous l'aspect d'aperçus de généralité.

Du nouvel emprunt de 40 millions de la ville de Paris.

Tout ce que renferme cet écrit ayant de l'analogie avec le nouvel emprunt de 40 millions que la ville de Paris vient d'être autorisé à faire, je vais ici présenter quelques détails relatifs aux résultats de cet emprunt.

Voici, en partant des données de son adjudication, quelles en seraient les bases et les résultats.

———

Encaissement de l'emprunt.

———

4o millons.

════

Montant des arrérages calculés au taux de $4\frac{87}{100}$ *pour* o/o *, taux de l'adjudication de l'encaissement de l'emprunt.*

———

1,948,000 fr.

════

Dotation.

———

1,200,000 fr.

════

Durée de la libération.

---

21 ans,   3 mois,   14 jours.

Débours annuels, pour le service des arrérages et de la dotation.

3,148,000 fr.

Diminution, à l'achèvement de la libération de l'emprunt, de la fortune des contribuables de la ville de Paris, par suite de l'effectif des débours annuels, et des privations annuelles de jouissances occasionées par la direction d'emploi de ces debours.

13,050,000 fr.

DES EMPRUNTS

Auxquels on sera forcé d'avoir recours pour satisfaire à l'exigence des besoins du budget de 1832.

———

J'avais d'abord le projet de donner beaucoup d'étendue à ce chapitre; mais comme d'une part j'ai ci-dessus consacré à des propositions de même nature plus d'espace que je me proposais de le faire, et comme d'ailleurs j'ai traité cette matière très à fond dans un précédent ouvrage intitulé, *De la réduction de l'intérét de notre detté 5 pour cent*, publié en 1829, je me bornerai, dans ce chapitre, à présenter un nouveau cadre d'emprunt fondé sur des combinaisons de la nature de celles que j'ai détaillées, page 30, comme mode de conversion ou d'emprunt pour remboursement forcé.

En me livrant à ce travail, j'espérais que les besoins qui nécessiteront de nouveaux emprunts, pourraient se restreindre à 200 millions ; c'est en conséquence sur ce chiffre que j'ai fondé le projet suivant d'emprunt.

Mais si', contrairement à cet espoir, il fallait faire prévaloir la crainte, peut-être assez bien fondée, de ceux qui, faisant entrer en ligne de compte les bons royaux et l'exigence d'autres objets en souffrance, élèvent le chiffre du déficit à environ 5oo millions, il suffirait, pour se procurer cette somme, de changer dans le projet les chiffres de ses bases, sans en altérer les rapports.

ÉLÉMENS ET RÉSULTATS

D'UN EMPRUNT DE 200 MILLIONS A FAIRE SUR DES RENTES 5 1/64ᵉ POUR CENT, QUI SERAIENT NÉGOCIÉES AU TAUX DE 100 FR. POUR 5 FR., ET QUI SERAIENT ASSUJETTIES A LIBÉRATION PAR REMBOURSEMENT FORCÉ AU PAIR, C'EST-A-DIRE PAR REMBOURSEMENT DE 100,000 FR. POUR CHAQUE INSCRIPTION DE 5,015 FR. 52 1/2 C., MAIS A PARTIR SEULEMENT DE LA DATE DE LA NÉGOCIATION DE L'EMPRUNT.

Encaissement de l'emprunt.

200 millions.

*Émission de rentes, et conséquemment montant
d'arrérages.*

———

10 millions.

═══════

Dotation.

———

2 millions.

═══════

Somme nécessaire à libération.

———

199,370,000 fr.

═══════

Durée de la libération.

———

36 ans, 8 mois, 12 jours.

═══════

*Débours annuels, pour le service des arrérages et
de la dotation.*

———

12 millions.

═══════

Diminution de la fortune des contribuables, à l'a-chèvement de la libération, par suite de l'effectif des débours annuels, et des privations annuelles de jouissances occasionées par la direction d'emploi de ces débours.

1,196,200 fr.

Recherchons comparativement quelle serait la diminution de la fortune des contribuables occasionée par un semblable emprunt de 200 millions fait sur des 5 pour cent, négociés et rachetés au pair.

EMPRUNT DE 200 MILLIONS, FAIT SUR DES 5 POUR CENT, NÉGOCIÉS ET ÉTEINTS AU PAIR DE 100 fr. POUR 5 FR.

Encaissement de l'emprunt.

200 millions.

Somme nécessaire pour la libération.

200 millions.

Somme de rentes émises et conséquemment d'arré-rages annuels.

10 millions.

Dotation.

2 millions.

Durée de la libération.

36 ans,   8 mois,   20 jours.

Débours, pour le service des arérages et de la dotation.

12 millions.

*Diminution de la fortune des contribuables, à l'a-
chèvement de la libération, par suite de l'effectif des débours annuels, et des privations annuelles de jouissances occasionées par la direction d'emploi de ces débours.*

1,200,000,000.

Il y aurait donc une économie de 3,800,000 fr.
à faire cet emprunt, conformément aux bases que
j'indique, que 'de le faire sur des 5 pour cent,
négociés et rachetés au pair.

Pour ménager les momens de l'administration,
j'exposerai encore ici les bases et les résultats d'un
emprunt de 5oo millions, fait d'après les mêmes
erremens sur les nouvelles rentes, dans la suppo-
sition où, après avoir définitivement bien fixé l'importance des besoins, il faudrait se procurer pour
les satisfaire une somme de 5oo millions.

BASES ET RÉSULTATS D'UN EMPRUNT DE 5oo MILLIONS,
A FAIRE SUR LES NOUVELLES RENTES.

Encaissement de l'emprunt.

5oo millions.

(48)

Émission de nouvelles rentes.

25 millions.

Somme nécessaire pour l'extinction.

496,852,000 fr.

Dotation.

4,968,520 fr.

Durée de l'extinction.

36 ans,   8 mois,   12 jours.

Débours, pour le service des arrérages et de la dotation.

29,968,520 fr.

Diminution de la fortune des contribuables, à l'achèvement de la libération, par suite de l'effectif des débours annuels, et des privations annuelles de jouissances occasionées par la direction d'emploi de ces débours.

2,987,630,000 fr.

En comparant ce dernier résultat avec celui de la diminution de la fortune qu'occasionerait aux contribuables un emprunt de pareille somme de 5oo millions, qui serait fait sur des 5 pour cent, négociés et rachetés au pair de 1oo fr. pour 5 fr. on trouve en faveur de l'emprunt sur nouvelles rentes, un allégement de :

1,237,000,000 fr.

Ainsi, quelle que fût l'importance de l'emprunt à faire, les combinaisons que je propose seraient

4

moins dommageables que toutes autres pour les contribuables.

Recherchons encore si on occasionerait un moindre dommage pour les contribuables en se procurant la même somme de 5oo millions, sur d'autres valeurs, à plus bas taux d'intérêt, dont les combinaisons seraient telles qu'elles ne s'appuieraient que sur les données les moins dommageables pour l'emprunteur.

Supposons donc, d'abord, qu'on parvienne à réaliser un emprunt de 5oo millions sur des 4 pour cent, lesquels seraient, 1° négociés au pair, c'est-à-dire 1oo fr. pour 4 fr., chiffre de négociation le plus favorable à l'emprunteur, puisque c'est celui qui nécessite le moindre débours pour le service des arrérages, et conséquemment celui qui apporte la moindre diminution à la fortune des contribuables; 2° éteints, par remboursement forcé, au pair de 1oo fr. pour 4 fr., chiffre qui exclut toute augmentation de capital de libération, et qui de même, sous cet aspect, serait le moins dommageable pour les contribuables.

Voici, d'après ces données, quels seraient les bases et les résultats de cet emprunt.

EMPRUNT DE 5oo MILLIONS, FAIT SUR DES 4 POUR CENT, NÉGOCIÉS ET ÉTEINTS AU PAIR DE 1OO FR. POUR 4 FR., AVEC UNE DOTATION DE 1 POUR 0/0.

Encaissement de l'emprunt.

5oo millions.

Somme de libération.

5oo millions.

Emission de rentes.

2o millions.

Dotation.

5 millions.

Durée de la libération.

41 ans,   0 mois,   10 jours.

Débours annuels, pour le service des arrérages et de la dotation.

25 millions.

Diminution de la fortune des contribuables, à l'achèvement de la libération, par suite de l'effectif des débours annuels, et des privations annuelles de jouissances occasionées par la direction d'emploi de ces débours.

3,201,000,000 fr.

Cet emprunt, fait sur des 4 pour cent négociés et éteints au pair, occasionerait donc pour les contribuables une diminution de fortune dont le chiffre dépasserait de

213,370,000 fr.

celui fait sur les nouvelles rentes.

Voyons enfin, si en opérant sur une valeur à plus bas taux encore d'intérêt, on amoindrirait les dommages.

Supposons, à cet effet, qu'on parvienne à réaliser un emprunt sur des 3 pour cent, lesquels seraient 1° négociés au pair de 100 fr. pour 3 fr., chiffre de négociation le plus favorable à l'emprunteur, puisque c'est celui qui nécessiterait le moindre debours pour le service des arrérages, et conséquemment la moindre diminution de la fortune des contribuables ; 2° éteints par remboursement forcé, au pair de 100 fr. pour 3 fr., chiffre qui exclurait toute augmentation de capital de libération, et qui, de même sous cet aspect, serait le moins dommageable pour les contribuables.

Voici, d'après ces données, quels seraient les bases et les résultats de cet emprunt.

———

EMPRUNT DE 500 MILLIONS, FAIT SUR DES 3 POUR CENT, NÉGOCIÉS ET ÉTEINTS AU PAIR DE 100 FR. POUR 3 FR., AVEC UNE DOTATION DE 1 POUR 0/0.

———

Encaissement de l'emprunt.

———

500 millions.

Somme de libération.

—

5oo millions.

Dotation.

—

5 millions.

Emission de rentes.

—

15 millions.

Durée de la libération.

—

46 ans,   10 mois,   24 jours.

Débours annuels, pour le services des arrérages et de la dotation.

20 millions.

Diminution de la fortune des contribuables, à l'achèvement de la libération, par suite de l'effectif des débours annuels, et des privations annuelles de jouissances occasionées par la direction d'emploi de ces débours.

3,543,000,000 fr.

Cette combinaison d'emprunt présenterait donc pour les contribuables un chiffre de dommage qui excéderait de 555,370,000 fr. celui qu'occasionerait le projet d'emprunt sur les nouvelles valeurs.

Rapprochons les résultats de ces cinq combinaisons d'emprunt, sous l'aspect comparatif des chiffres des diminutions qu'ils occasioneraient dans la fortune des contribuables.

DIMINUTION

DE LA FORTUNE

DES

CONTRIBUABLES.

———

Par l'emprunt sur nouvelles va-
leurs. . . . . 2,987,630,000 fr.

Par l'emprunt sur des 5 pour cent. 3,000,000,000 fr.

Par l'emprunt sur des 4 pour cent. 3,201,000,000 fr.

Par l'emprunt sur des 3 pour cent. 3,543,000,000 fr.

———

Il résulte de ce rapprochement, que le projet
d'emprunt sur les nouvelles valeurs serait le moins
dommageable, et que, relativement aux autres
valeurs, le dommage serait d'autant plus considérable que le chiffre du taux de l'intérêt de la
valeur sur laquelle se ferait l'emprunt serait moins
élevé.

Avec de telles données, l'administration serait
donc inexcusable d'accroître, sans nécessité, le dommage dont les nouveaux besoins frapperont iné-
vitablement les contribuables.

Si, par suite de notre situation rentière actuelle, la fortune des contribuables ne se trouvait
pas déjà pour l'instant, et plus encore pour l'ave-
nir, dans un état de gêne si entravante, condam-
née qu'elle est à supporter une diminution de
plus des deux cinquièmes de son chiffre, je
proposerais encore, pour faciliter la réalisation
des emprunts devenus indispensables, d'autres
combinaisons qui, en définitive, occasionerait
encore un peu moins de dommage que celles que
renferme déjà cet écrit; mais comme ces nouvelles combinaisons occasioneraient, momentané-
ment à la vérité et sans influence sur le chiffre
des dommages, un chiffre plus élevé de débours,
je n'en traiterai ici que très-succinctement, et
même avec le sentiment que, pour l'instant, elles
seraient ajournées.

———

EMPRUNT DE 5oo MILLIONS FAIT SUR DES 8 POUR
CENT, NÉGOCIÉS ET ÉTEINTS AU PAIR DE 100 FR.
POUR 8 FR., AVEC UNE PUISSANCE DE LIBÉRATION
DE 1 pour o/o DU CAPITAL NOMINAL, C'EST-A-DIRE
DE 5 MILLIONS.

———

Encaissement de l'emprunt.

———

5oo millions.

Émission de rentes pour les arrérages.

—

40 millions.

5 millions.

Dotation.

—

5 millions.

Somme de libération.

—

500 millions.

Durée de l'extinction.

—

28 ans,   6 mois,   18 jours.

Débours annuels, pour le service des arrérages et de la puissance de libération.

45 millions.

Diminution de la fortune des contribuables, à l'achèvement de la libération, par suite de l'effectif des débours annuels, et des privations annuelles de jouissances occasionées par la direction de l'emploi de ces débours.

2,274,000,000 fr.

Comparaisons d'ensemble de 500 millions d'emprunts, faits sur des valeurs de divers taux d'intérêt, sous les rapports de la diminution de fortune qui en résulterait pour les contribuables.

Sur des 8 pour cent. . . . . 2,724,000,000 fr.

Sur des 5 pour cent. . . . . 3,000,000,000 fr.

Sur des 4 pour cent. . . . . 3,201,000,000 fr.

Sur des 3 pour cent. . . . . 3,543,000,000 fr.

Ainsi, il y aurait, en définitive, plus d'avantage pécuniaire à faire l'emprunt de 500 millions sur des 8 pour cent, négociés et rachetés au pair, que de le faire sur d'autres valeurs, à plus bas taux d'intérêt, négociés et rachetés de même au pair, et surtout sur des 4 et sur des 3 pour cent.

Je terminerai cet ouvrage par une exposition de bases générales de direction , que je crois devoir être d'une grande utilité pour les personnes qui voudraient se livrer à de plus amples recherches sur la fixation des chiffres de nouvelles combinaisons d'emprunts amortissables , sous l'aspect de la diminution de fortune qui en résulterait pour les contribuables.

<hr>

Ire BASE.

Lorsque, dans un emprunt amortissable, le chiffre du taux de l'intérêt des rachats est inférieur au chiffre non-seulement du taux de l'intérêt de la négociation, mais encore au chiffre du taux de l'intérêt légal, la diminution de la fortune des contribuables est dans la voie de sa plus grande latitude.

<hr>

IIe BASE.

Lorsque le chiffre du taux de l'intérêt des rachats est non-seulement supérieur au chiffre du taux de l'intérêt de la négociation, mais encore au chiffre du taux de l'intérêt légal, la diminution de la fortune des contribuables est dans la voie de sa moindre latitude.

III.e BASE.

Lorsque le chiffre du taux de l'intérêt des rachats diffère de ceux ci-dessus, la diminution de la fortune des contribuables ne change pas pour cela de sa direction positive, seulement elle est variable dans sa latitude, suivant les rapports qui existent entre le chiffre du taux de l'intérêt des rachats, le chiffre du taux de l'intérêt de la négociation, et le chiffre du taux dé l'intérêt légal.

FIN.

TABLE.

FIN DE LA TABLE.

www.ingramcontent.com/pod-product-compliance
Ingram Content Group UK Ltd.
Pitfield, Milton Keynes, MK11 3LW, UK
UKHW031806170726
13836UKWH00003B/1225